내 인생에도 신호등이 있다

인문학 시인선 025

내 인생에도 신호등이 있다
신남춘 제4시집

제1쇄 인쇄 2024. 12. 5
제1쇄 발행 2024. 12. 10

지은이 신남춘
펴낸이 민윤식
펴낸곳 인문학사

등록번호 제 2023-000035
서울시 종로구 종로19 르메이에르 종로타운 1030호(종로1가)
전화 : 02-742-5218

ISBN 979-11-93485-21-7 (03810)

ⓒ신남춘, 2024
Printed in Seoul, Korea

*잘못 만들어진 책은 본사나 구입하신 서점에서 교환하여 드립니다.
*이 책은 저작권법에 의해 보호받는 저작물이므로 저작자와
 출판사의 서면동의 없이는 무단 전재와 무단복제를 금합니다.

인문학 시인선 025

신남춘 제4시집
내 인생에도 신호등이 있다

인문학사

시인의 말

내 삶에도 신호등이 있습니다.

삶에 익숙한 사람은
삶의 본질을 아는 것과 품격의 향기를
지니고 있습니다.

현명한 사람은
몸에서 켜지는 신호등 알고 있어서
조급함과 서두름을 모릅니다.

작은 것 하나에도
최선을 다 하는 삶에서
빛나는 인생은 탄생하는 것이므로

흔들리며 사는 인생
서로 서로 함께 어울려
사는 이들과 함께 행복을 건축하고 싶습니다.
시는 내 인생의 삶이며
아름다움을 만들기 때문입니다.

여기, 시집 한 채를 짓습니다.

                        2024년 초겨울에
                        신남춘

contents

005　시인의 말

1

012　한 컵의 물
013　끈
014　백 년의 사랑
015　바람과 함께
016　빨래
018　자전거
020　생애, 지워져 간다
022　국밥 한 그릇
023　고무줄을 당기면서
024　나의 하루는
026　다시, 하루
027　내 인생에도 신호등이 있다
028　살다 보면
030　살 길
031　소식을 묻다
032　삶의 노래
034　거울 앞에서
035　그 자리
036　아침이 걸어서 온다
037　순리대로 살게다
038　내 안의 강
039　눈물

040 뒷굽을 보며
042 날갯짓으로
044 삶의 방정식
046 생존의 시간
048 미래를 향한 입문
050 카페의 노인

2

052 개망초꽃
054 매화꽃
055 잡초 1
056 잡초 2
058 매화꽃 피다
059 벚꽃 향기
060 모과나무
061 얼음새꽃
062 배추흰나비의 꿈
063 동백의 사랑
064 연꽃
065 유혹의 시간
066 대숲에서
067 석불산 꽃무릇

068 숲으로 오라
070 자색 양파

3

072 하얀 달
073 가면을 쓰고 봐
074 벽
076 달력을 바라보며
078 아버지
080 아침 이야기
081 토닥토닥
082 커피가 좋아
083 걱정
084 문 밖
086 내 마음 서랍 속
087 흔적
088 연가
089 고향

4

092 호수
094 딱따구리의 언어
095 달빛 소리

096 바위
098 고사포에 가면
100 헌 책방
101 직소폭포에서
102 동진강
104 바다 예찬
106 서해 밤바다
108 위도, 그곳은
110 길 위에서
112 승강장에서

5

114 푸른 세상
115 한여름날의 풍경
116 갈매기의 꿈
118 친구여
119 가을 맞은 논
120 기다림의 미학
122 붉게 익은 하늘을 보다
123 그 소리, 가을 소리
124 가을 색칠
125 가을 끝자락
126 월동 준비

127 열풍
128 겨울 숲에서
130 겨울나무를 보며
131 봄이 온다
132 그 겨울은
134 눈길을 걷다
136 비 오는 밤길을 걷다

평설
139 신남춘 시인의 시는 맑은 영혼의
서정시다/소재호

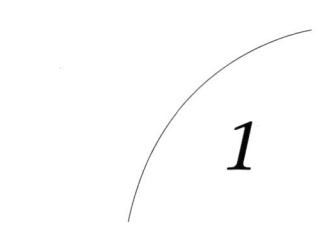

한 컵의 물

보릿고개 시절
어머니의 물 한 컵은
허기를 이긴 생명수였다

하늘을 빗살로 치던
태고의 천둥소리 데불고
이 땅의 갈증을 덜던
생명수

어머니의 어머니의
탯줄로 스며 오던
팔 할의 수분을
몸으로 받아 여기에
한 컵의 물을 더 얹다

우리가 살아나서
주라기의 공룡시대를 더듬어
청정한 내 하나를 건널 것이다
한 컵의 물
태평양 해일을 머금은

끈

밤이 깊숙이 익어 버린
침대에 바로 누워
소리 없는 눈물을 쏟는다

돌아누울 기력조차도
잃어 간다는 걸
나는 알고 있었다

밤새 내리는 빗소리에
졸다가 깨고
다시 졸다 깨고

바람 없는 밤
달빛마저 잃은
까만 밤을 보낸다

하여, 서글픈 하루
머리가 지끈거릴 때를
참아내며 살아간다

왜 몰랐을까 나한테도
기적이 일어난다는 걸
희망을 품으라는 걸

백 년의 사랑

맑은 하늘
그 아래 푸름의 팔랑거림

숲속의 아침은
바람이 고요를 털고
신나게 음표를 두드린다

수많은 사람들이
말없이 떨치고 간 언어들
아침 이슬로 맺힌 자리

시원한 바람 스칠 때마다
흔들거리는 마음들
닫힌 가슴 활짝 펼친다

편백 숲 작은 떨림으로
반짝거리는 윤슬도
백년 사랑을 꿈꾸는가

곱디고운 선율의 깊은 울림
살아 있음을 알고 나면
내 얼굴빛 닮아 올라

거닐며, 숲길을 거닐며
나 또한 한없이도 좋을
백 년의 사랑 이루고 싶다

바람과 함께

푸르른 나무 이파리는
바람을 일으키면서
흔들려야 사는 구나

어디서 와서
어디로 가는지 모를
바람의 행방

누구의 계시였을까
쉼 없이 창문 흔들다
어디론가 사라진다

바람처럼 가는 인생
무의미한 문장 하나
하늘에 훌쩍 내 던지고

지구를 밤낮으로
돌고 다시 또 돌아도
늘 새로움에 깃든 삶

나의 생 끝날 까지
함께 할 미풍이라면
바람, 너랑 살고 싶어라

빨래

오래 묵은
세월을 빨아 널게다

찌든 때
기름 때
쏙쏙 다 빠지도록
온 힘을 다해 빨게다

더러움을 씻겨내고
깨끗이 살고 싶은 것이
나이를 먹으면
그냥 생각나는 법이다

꽉 찌들은 쾌쾌한 냄새
게으름만 탓할 수 있으랴
누구 죄이면 무엇 하랴
훌훌 털면 될 것을

아직도 들려오는
고달픈 생^{生}의 소리
슬픈 날갯짓의 세월을

헤아릴 줄 몰랐다니

그래, 이제라도
남아있는 근력이 있을 때
겸손한 맘으로 세월을
뽀송뽀송하게 빨면 되지

세월을 빨아 널게다
오늘처럼 맑은 날

자전거

바람 살랑거리는 날
육단 기어가 달린
자전거를 탄다

지구 한쪽 끝에서
다른 한쪽 끝까지
굴러가는 자전거

굴러가는 앞바퀴
그 뒤를 따르는 뒷바퀴
우주를 누비며 달린다

바람을 싣고
해를 굴리고
달을 굴린다

꽃향기 물고
오르막도 내리막도
거침없이 달린다

앞으로 가든 뒤로 가든

두 바퀴는 언제나
앞을 서고 뒤로 서고

그러면서 한결같이
생의 시간을 굴린다
우리 삶을 굴린다

생애生涯, 지워져 간다

책상 서랍을 정리하다
오래된 만년필을 발견했다
내가 처음 직장 출근을 하게 된 날
아버지께서 사주신 거다

잉크가 마른 만년필은 아버지의 기억을
새록새록 떠오르게 한다
종이 한 장 꺼내 놓고 빼곡히 써도
못 다 쓰고 남을 이야기들
이제는 세월 탓을 할 거나

향기 나는 예쁜 꽃 언제나 활짝 피던
만년필 손에 쥐던 그 따스한 봄날은
내 꿈의 동산, 하얀 종이 위에도
하나 씩, 또 하나씩 소리도 없이
흔적 남기지 않고 사라져만 간다

하여, 꽃이 지는 때
그리움과 허망함 가슴에 켜켜이 쌓였다
내게 많은 인연의 생애들이
지금 와서 멀어져 가는 것을 보고

아니 지워져 가는 것을 보고

슬픈 날, 내 인생에도
있었다는 걸 뒤늦게 알았다
한 생애가 지워지는 그날따라
메마른 육신이 참 슬프다 외롭다
그럴 땐 실컷 울자 펑펑 울자

국밥 한 그릇

남부시장 골목에 국밥집
언제나 국밥 끓이는 냄새로도
서민의 허기를 채워 주는 곳

한 끼 배고픔을 달래려고
순대국밥 한 그릇을 시키면
금방 나오는 팔팔 끓는
뚝배기 한 그릇과 밥 한 공기
천하제일의 입맛이다

한 사람을 위하여
우릴 대로 우려 낸 국밥
세상 온갖 궂은 일 다 우려낸 듯
마음속을 편하게 한다

꼬이고 꼬인 생生을 풀어내는
알싸한 맛이 입안에 퍼진다
힘겹던 순간마저 꿀꺽 삼키며
마지막 국물까지 다 들이키면
이마에 땀이 송송 맺는다

시장골목 허름한 국밥집이
나를 뜨겁게 한다
굽은 허리통 쭉 펴지는 기분
국밥 한 그릇의 삶이다

고무줄을 당기면서

서로 당기면 늘어나고
손을 놓으면 그때는
제자리를 찾는 줄

욕심껏 당기다 보면
탄성을 잃어버리고
탄성을 잃어버리면
본래 모습이 사라진다

적당히 당김이
살아남을 비밀인 것을
적당을 가늠할 수가 없다

내 삶도 그렇다
적당히 살아야 할
분수를 가늠할 수가 없다

쓰다가 보면
본래의 기능을 잃고
망가지고 버려지는 것

지구 상 만물이 다 그렇다
인간의 삶 또한 그렇다
마치 고무줄을 당김처럼

나의 하루는

하늘이 한없이 울던 날
나의 하루는 초라하였다
만나고 싶은 사람도 없는
장맛비 종일 퍼붓는 날

마른번개와 천둥소리에도
두렵지 않던 나였다
물 폭탄 같은 빗줄기,
산사태 난 티브이 방송을 보며
마음 한구석이 괜히 서글퍼진다

빗물 흘러가는 것처럼
우리 삶이란 언제나
가려는 사람과 오려는 사람이
서로 서로 교차하는 것이다
멈춰 서지 않는 굴렁쇠처럼
동그란 곡선 안에 서로 살지 않으랴

지나간 세월은 저절로 쌓여
그리움이 되고 후회가 되고
우리는 이런 세월에 묻혀

한번 가면 오지도 않을
하루를 보내거늘

이제 저 아득한 수평선 너머
그 어느 곳이라도
한번 쯤 가보고 싶지 않은가

새벽 물안개 번진다
이럴 때 작은 기쁨으로 피는
예쁜 꽃, 꽃 한 송이로
새 아침을 열고 싶구나
비 갠 하늘빛으로

다시, 하루

뭐 할 일이 없어도
누군가 부르지 않아도
그냥 지나쳐 가는 것이
하루 한 날이다

궂은비 내리고
바람에 휩쓸리고
힘들어도 참아내는
익숙한 세상살이

정다운 내 이웃들
아름다운 미소가
그리움의 물결로
출렁이는 인생사

까만 밤 걷어내고
태양이 솟아오르면
새 마음 새 희망으로
다시, 하루를 연다

내 인생에도 신호등이 있다

내 삶 속에도
깜빡이는 신호등 있다

찾아가고 싶을 땐
파란 신호등

가고 싶지 않을 땐
빨간 신호등

가슴에서 켜지거나
머릿속에서 반짝

깜박이는 신호등 있다
내 삶 속에는

살다 보면

살다 보면
가끔씩 울다가 웃다가
하루를 보내고 마는
그런 사람이 보인다

살다 보면
더러는 아픔이 무엇인지
힘든 일 있었는지 얘기 할
그런 사람이 생긴다

눈을 감아도
떠오르는 그리움으로
지난날을 회상하는
추억의 늪에 빠진 사람

한 때는 모으기 바빴고
한 때는 비우기 힘썼던
세월의 삶에 매달려온
그런 사람도 있다

생의 종착역 앞에 선

쓸쓸함과 침잠의 미학으로
행복했던 날도 있었다고
기억하는 사람도 있다

살다 보면, 살다가 보면
아름다운 순간순간이
누구나 다 있는 것이다

살 길

요즘 삶이 그렇다

무얼 먹을까 입을까보다
오늘은 어떻게 보낼까
누구랑 함께 지낼까가
눈뜨면 밀려드는
하루의 숙제다

건강 챙긴다 해서 만 보 걷기는
기본생활이 되고
한 잔의 차를 마실
여유를 가질 시간도
빼놓지 않는다

땅을 밟는 시간과 도란도란
얘기 나누며 웃음번지는 시간
책을 읽거나 사색하는 시간
이 조각난 시간들이 이어지는
하루가 내가 사는 길이다

세월은 익어
좋은 사람 떠날 때는
그 언제쯤이랴
하여, 하루라도 함께 할 때가
서로의 행복이란 걸 알자

소식을 묻다

별일 없으신가요
당신의 오늘 하루가

아무런 걱정 없이 살
세월의 무더기무더기

날마다
태양은 빛나고

나뭇잎은 마냥
싱 그런 짙푸름이거늘

당신, 편안한가요
우리 더 오래 살게요

삶의 하루하루가
소중함을 아는 까닭에

삶의 노래

막차를 기다리며
우두커니 서 있는 사람
한 쪽 어깨가 기울어졌다

손에 든 가방 속에
무엇을 넣고 다니기로
무거워만 보이는가

일상의 삶은
반복의 연습이거늘
쌓이는 것 스트레스뿐

가방이 가벼워지는 날
지나온 것들 허다히
어디론가 사라져 버릴 터이고

그런 날은
기쁨 하나 쌓이고
콧노래를 부른다

낮과 밤이 교차하며

하루하루가 멀리 떠나고
내게 남은 사랑의 노래

새벽을 부르고
밤을 맞이한다
진실로 행복을 바라며

거울 앞에서

나의 흐트러진 모습
솔직하게 보여준 날 나는 깜짝 놀랐다
삶의 무게 가벼워진 반백의 그 사람
나를 보았다

거울을 닦는다
거울 속에 비춰진 모든 기억을 지운다
네 속에는 어제도 없고
내일은 더욱 없다

겉모습 뿐 아니라
속맘까지 꿰뚫어 보였다면 좋으련만
오로지 또렷또렷하게 지금
지금을 그대로 보여줄 뿐이다

너의 앞에만 서면
이 순간만이 숨길 것 없이 다 보인다
그러니 지나간 기억들 무어라
정답처리 했을까 사뭇 궁금하지 않으랴

오늘도 거울을 닦는다
거울 속에 비춰진 기억을 지운다
솔직하기 짝이 없는 너의 앞에 바로 선
달라진 내 모습을 보고 싶기로

그 자리

아픔의 무게로 짓눌린
고달픈 삶을 품어 안은
오르락내리락 인생의 길

수많은 사람을 만나고
수없는 이야기를 듣고
무수한 시간이 흘러버린 곳

아주 오랜 세월 속
낡아버린 물상들
바뀌야 할 때를 잃은 채

고정관념을 깨뜨려보마
마음다짐한 자리
품은 생각 무너져 내린다

무엇이 모자란 탓일까
끝까지 지켜내지 못하고
송송 뚫려 버리는 허물

추억 속으로 밀려 온
내 삶의 껍데기
치워야 할 그 자리

아침이 걸어서 온다

동녘에 해오름
자박자박 걸어서 온다

뜰에 핀 나팔꽃이
기상나팔을 불어대면

새벽이슬을 툭툭 털고
나뭇잎은 기지개를 한다

숲속의 상쾌한 공기
한 줌만 마셔도 기분 좋다

미소로 흠뻑 피어나는
오늘의 유쾌한 출발

구수한 된장국 냄새
가득 번진 식탁으로

아침이 걸어서 온다
생기 넘치는 몸짓으로

순리대로 살게다

오늘 하루도
억지 부리지 말고
되는대로 살아봐

내가 살아가는 곳
삶의 기본에서
흩어짐 없는 시간들

낮과 밤이 교차하며
그렇게, 그렇게
하루는 흘러가는 법

세월이 거꾸로 간다고
주장할 사람
어디 누구 있으랴

아무런 걱정도 없이
영원으로 가는 생生
마냥 순리대로 살게다

내 안의 강

멈춤이 없이 유유히 흐르는 강
오늘이라고 걱정거리가 없었으랴만
내 안의 강만큼만 하랴

작은 강줄기 상류에서 하류까지
내 안에 흐르는 것 아무도 모르리

수천수만 번 험난한 도전을 하며
뒤집히고 넘어져 버린 탓에
번번이 느릿느릿한 삶이라네

그래도 나 아직 살아있음으로
주저앉지도 않고 천천히 아주 천천히
마냥 흐르리라, 세상 밖으로

눈물

남에게 주지는 않지만
남들까지 감동을 주는 마력
간절함이, 진실 됨이 풀어진
위대한 상징이다

어느 날이든
마음이 답답할 때는
주저하지 말고 울 거라
실컷 울면 마음 후련하다

흐르는 눈물 속엔
생의 쓰라린 고뇌가
소리 없이 떨어지고
새로운 역사가 시작 한다

주루룩 흐르는 언어들
감추려고 애쓰지 말자
있는 그대로가 매력이고
그 순간이 자랑스럽다

뒷굽을 보며

힘들게 살아왔을 터인데
너를 사랑하기는커녕
바라다보는 눈길도
관심마저도 없었구나

묵묵히 주인 따라다니며
시름 걱정 잊어버리고
쏟아부은 순종의 미美를
왜 이다지도 몰랐을까

편안하게 쉼도 없이
걷고 뛰고 달리고
땀 흘리며 살아온 흔적
한쪽으로 기우는 것을

그 얼마나 아팠으랴
말 못 하는 까닭으로
홀로 가슴앓이하며
피를 토하였을 터이니

미안하다, 미안하다

네가 편하면
나도 편하다는 걸
어찌하여 잊었으리

때가 늦기 전에
오늘은 널 꼭 데리고
병원에 갈 거야
새 인생을 꿈꾸도록

날갯짓으로

하루 왼 종일을 날아야 다시
오늘이란 두 글자가 보인다

내게 생존의 힘은 날마다
날개를 펼칠 때 존재하고

날갯짓 없는 하루는
쓸쓸함이 내 속을 채운다

방향지시등 없는 허공
의미 없는 날갯짓은 죄다

생존을 위해
비상을 꿈꾸는 몸짓
멀리 날리라

끝이 보이지 않는 먼 길
한시라도 접어서는 안 된다

살면서 쌓이는 시련. 피로
훌훌 벗어 버린 채

상흔을 남기지 말고
더 높이 더 멀리 날리라

이 세상사는 동안
아름다운 생을 위하여

삶의 방정식

별나지 않게
평범하게 살 일이다
건강하게 살고
잘 먹고 잘 놀면 되는 것이고

운동도 하고
일도 하면서 살아
스트레스 없는
평안 속에 묻혀 살면 되지

지난 일 후회하지 말고
자기 만족함으로 살아서
남 탓을 말고
내 탓이라 여기며 살 일이다

내가 좋은 일이면
서슴없이 끼어 들어가
함께 보내는 시간들
작은 행복이라 여기자

삶의 두려움을 모른 채

지나치는 하루하루를
최선을 다하는 열정으로
꼭 보듬고 그리 살 일이다

잘 풀리는 삶도
때론 안 풀리는 삶도
뒤 섞어 비벼가며
평화롭게 살자 오늘을

생존의 시간

조용히 눈을 지그시 감으면
눈앞에서 자꾸만 꼬물거리는
시간들이 흘러가고 있다
정지해 버린 지난 일이
재각재각 들려오기도 하고
동네 아이들 떠드는 소리
귀에 쟁쟁거려도 참 좋은 때
그때가 새록새록 떠오른다

나이를 먹을수록 사람은
옛것이 그리도 그리운 건가
시냇가에서 송사리 잡던 날도
가난에 찌들려 배 골던 날도
오늘날 그 어디에 살아있는가
모든 것은 사라지고 없어지며
늘 새로운 것으로 흘러가는
나의 생존은 또 시작이다

숨 막히는 뼈아픈 삶의 현장
줄타기하는 광대의 마음처럼
한발 또 한발 내딛을 적마다

순간의 찰나를 스쳐야 하는
그 어디에 함부로 머물 수 없는
연속성의 고결한 삶의 늪에서
살아남고 싶은 자만이
쉴 수 없는 시간 깨물고 있다

미래를 향한 입문

과거를 떠나와 지금은
미래로 가는 시작 이란다

설레는 맘 차올라
생각하고 마음 품은 일
누구나 최선을 다할 때

살다보면 인생살이가
성공도 있고 실패도 있고
좋은 일도 궂은일도 있는 법

나를 다스려온 힘은
오로지 세상을 버텨온
꿋꿋한 의지와 참음 이었던 것

미래를 향하는 입문 이란다

우리는 누구나
시작이 좋으면 끝도 좋을 거란
믿음으로 살고 있다

동그랗게 부푼 풍선처럼
둥글게 사는 인생아
보라, 좋은 세상에서 살게다

아름다운 이 강산
자작나무 쭉쭉 뻗어가듯
펼쳐라, 후회 없을 삶을

카페의 노인

카페 문을 열고
들어서는 남자
백발의 하얀 순수가
눈이 부시다

하얀 양복에
하얀 구두를 신고
하얀 머리카락 날리며
내게로 온다

곱게 익어간 세월이
온 몸에 배어
내품는 삶의 향기가
의자에 덥석 앉는다

환한 얼굴빛은
마음을 다 비운 듯
곱게 살아가는 숨결
백세를 향한 신호다

꽃은 한 순간 예쁘지만
사람은 한평생 예뻐라
하얀 순수로의 열정
오늘도 익어간다

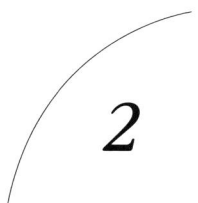

개망초꽃

내가 이렇게 사는 것을
너는 한번이라도 관심을 보였는가
거센 바람에 꺾일까
폭우에 휩쓸려가진 않을까
염려해 본 적이 있었는가
말 못할 아픔을 견뎌내며
울음 죄다 쏟아내며
지천으로 하얗게 물들인 채로
그리움을 입에 물고 쓸쓸히 선
흔한 꽃이라고 하찮게 여기지 마라
한해살이 시한부 생生이지만
사는 자존심 대를 이어
거짓 없이 떳떳하게 살지 않느냐
일부러 찾는 사람은 없어도
지나치다가 바라보기만 해 준다면
무더기무더기 한데로 뭉쳐서
부끄러움 하나 없이 살 거라고
화려한 주인공은 아니어도
삶을 유혹할 매력도 없지만
지천으로 깔린 그리움들이
하얀 꽃잎 속으로 들어 앉아

살랑대는 바람결에 소리 없이 웃는다
하얀 미소로 번져나가는 향기
생긴 모습 그대로의 꾸밈없는 순수
유월의 하늘아래 핀 초라한 수호신이여

매화꽃

세월을 빨리
보내고 싶었을까
달빛 시린 밤
하얗게 흠뻑 젖었다

울 어머니 맨 먼저
봄을 사랑한 이유
너의 순수한 까닭인
탓이었을까

뽀얗게 부풀은 가슴
확 터져 버린 자리
청아한 숨결로
향기 가득 흐르고

아침 햇살은
살포시 내려와
빛 부시다
그 하얀 순수

잡초 1

흙냄새 나는 곳
마다 않고 사는 너
머문 자리에
뿌리를 든든히 내리고

누가 알거나 말거나
제 멋대로 살거늘
늘 강한 듯해도
바람 앞에선 약한 존재여

밤이슬 맞으면서
쑥쑥 크더니만
늦가을 서리를 맞고
저리도 쉽게 시들고 마는가

다시 태어나도
그대는 풀, 풀이되겠지
살던 그 자리 꼭 지키는
자연의 수호신으로

잡초 2

이름 없이도
세상을 잘만 산다

낮은 곳에 엎드려
제멋대로 사는 것이
숙명이었을까

온몸을 짓밟혀도
싹둑싹둑 잘라버려도
다시 살아나는 기운

뽑아도 뽑아내도
며칠 만 지난 후면
부활하는 신의 경지

가뭄 속에서도
말라 죽지 않는 것이
풀 풀 풀이다

빼어나지도 않고
귀하지도 않으면서

없어지지도 않는 존재

씨 뿌리지 않아도
지천에 깔려 있는
너를 바라다보면

나는 풀이 팍 죽는다
나의 인생이
너만도 못한 것 같아서

매화꽃 피다

이른 봄나들이 길에
차 한 잔 마시러 간
언덕 위에 아담한 카페

나이 좀 들어 보이는
나무 몇 그루가
우두커니 서 있다

깡마른 저 몸으로
어찌 겨울을 버텼을까
아프지는 않았을까

잎 새 하나 없이
빼곡히 뻗은 가지위로
수북하게 핀 하얀 꽃

온갖 고뇌와 역경을
꾹 참고 살아 온 흔적
마냥 토해내고 있다

첫사랑 때이듯
바람 시린 이른 봄 날
활짝 폈다 매화꽃은

벚꽃 향기

화사한 꽃길을 따라
사람 소리가 와글거린다
그 소리에 놀란 듯
꽃잎은 떨어지며 흩날리고
어깨와 어깨 사이사이로
침묵으로 번지는 향기
사람들은 꽃에 취한다

마약 같은 순간의 늪으로
푹 빠져 버린 선한 무리들
꽃길 따라 깊이 들어간다
발걸음 옮길 때마다
미움도 잊고 욕망도 버린다
오로지 설렘의 기쁨 하나로
가슴이 두근두근 거린다

오늘은 마냥 행복함으로
아름다운 풍광에 취하고
향기에 흠뻑 취해
이 순간 이 시절 그대로를
사진 한 장 남겨 놓듯
오래도록 머물게 하고 싶다
벚꽃 향기, 그 늪에서

모과나무

내 나이를 모르고 자랐다
세월 훌쩍 지나고 보니
요처럼 키 큰 나무로 서 있다

삶에 지친 나날들
햇살에 부서지고
어둠속으로 묻혀 버린 채

기우는 해를 바라보며
뒤척거리며 읽어 간
시 한편이 나를 위로한다

아무데도 쓸모가 없을 듯
생은 추억의 잔상을 남기고
주먹만 한 모과의 향이 짙다

나의 마지막은
삭아가는 몸짓 속에서도
이처럼 향기가 날까

모과 향기의 번짐
그 순간의 감동이 달다
몇 날이고 품어내는

얼음새꽃

꽁꽁 언 눈 속에서
행복을 키우더니
눈 위로 솟은 몸짓

노란 꽃잎의 시선
발걸음 멈춘 자리
새봄 다가서고 있다

시린 고통 내려놓고
태어난 아름다움
생生은 짧을 지라도

피고 지는 순간까지
환한 미소의 얼굴은
영원까지 가는 거겠지

얼음장 밑으로
흐르는 물줄기가
하늘하늘 거릴 즈음

언 땅 고요를
가만가만 더듬는 것은
누구를 위한 몸부림인가

배추흰나비의 꿈

장다리꽃밭에 배추흰나비가 날아왔다
너풀거리며 노란 꽃 위로 앉았다 날았다
부지런히 이리저리 이동을 한다
태어난 고향을 찾는가
양 날개 펼치고 무수한 장다리꽃을
휩쓸고 날아만 다닌다
그러면서 멀리 가지도 않는다
끝까지 포기 하지 않고 고향집을 찾을 셈이다
노란 꽃물결 너머로 파란 하늘이 보였다
그 순간 나비는 꽃물결 너머로 날아간다
누굴 만나러 가는 것일까
고향 찾을 방법을 알고자 함일까
멀리 날아간 까닭을 아무도 알지 못 한다
나비는 멀리 날아갔다
나비는 꽃에게서 고향 길을 읽었을 것이다

동백의 사랑

지나친 시련의 분노
터져버린 핏덩이
왜 하필 지금인가

사랑은 아픈 거라서
사랑을 앓고 마는
붉은 정념의 흔적

살아 있을 그 때도
생명 끊겨 떨어질 때도
등불 밝혀 눈부심

한 겨울 살다가
비로소 붉어진 얼굴
부끄러움 모르는 요염

피었을 때 예쁜 자태
떨어져도 그대로라
저 붉은 동백의 사랑

연꽃

푸른 잎 사이로
고개를 든 꽃봉오리
바람 없어도 흔들린다

이슬을 머금고
흔들리며 핀 꽃은
사랑을 물고 나왔다

썩은 물 먹으면
죽는 줄만 알았건만
아픔도 없이 고운 얼굴

자연의 섭리 탓하지 않고
스스로 피었다가
스스로 지는 아름다운 자태

나눔의 미학으로
불 밝힌 고운 꽃송이로
사람의 마음을 흔든다

사랑 배인 까닭일까
이 꽃을 꺾는 사람이
그 누구도 없어라

유혹의 시간

가시를 피하면서
붉어진 열정
유월의 탄생이다

눈이 아프도록
바라보아도
붉은 정념 살아 있다

받는 것보다
주는 것이 더 행복이라고
붉은 입술의 향기 번진다

무엇이 매력인 것인가
내 마음을 왜 자꾸 당기는가
오로지 붉음 하나만으로

알 수 없는 비밀 하나
가시, 가시를 품고
보호를 하는가

붉은 장미 한 송이
지금 이 순간 내 눈을 쏘옥
이렇게 빼앗아 갈 줄이야

대숲에서

바람이 달려와
숲으로 끼어들면
그 어디든 온통
사각거리는 소리뿐

하늘 치솟을 기세
마디마디에 가득 차
곧게 곧게만 자란 몸

나이 감추고 싶었을까
나이테 없이 자란
늘 푸른 청춘의 삶

별빛 흐르는 밤
댓잎 소리, 풀벌레소리가
어우러진 고운 선율

푸른 기운, 푸른 소리들
귓전을 간지럽게 하는
대숲, 대숲이 좋아라

석불산 꽃무릇

석불산 소나무 숲은 초록소리를 낸다
그 소리만 들리는 것이 아니다
시원한 바람소리가 흐르고
숲속 길 따라 햇살이 따라 다닌다

바람에 씻겨 기울어진 소나무 숲 아래
붉은 꽃무릇 가득 필 무렵이면
웅성웅성 사람들 소리 쟁쟁거리고
파란 가을하늘이 내려앉기도 한다

무엇이 그리워서 무엇이 보고파서
약한 목줄 길게 뽑아 올려
하필 여기에 핏빛 울음을 쏟았을까
상한 마음들 엉겨 아픔을 달랜다

하여, 저 찬란한 붉은 정념 앞에
입을 꼭 다물고 마는 사람들
짝사랑의 옛이야기 생각이 난듯
사랑의 늪으로 깊이 빠져만 간다

석불산 소나무 숲에 머무는 순간이
내 가슴을 뜨겁게 달군다
애틋한 그리움도 한 아름 쌓인다
떨리는 몸부림 붉게 물이 들면서

숲으로 오라

초록의 세상에 들어 서 보라
빼곡히 들어 선 나무들
아주 문실문실 하다

바람 한 점 없이도
온 몸에서 내 뱉는
숲속의 신선한 향기

나뭇가지 사이로
새어 나오는 햇살이
뚝뚝 떨어지는 숲길

마음이 울적한 날은
그 누구라도 좋으니
여기, 숲으로 오라

살다가, 살아 가다가
그리움이 쌓이면
그때도 오라

흐린 날이면 어떠랴

홀로라도 좋아라
풀벌레 소릴 들으러 오라

초록빛 나눔의 삶
알알이 영그는
내 마음 속의 맑은 숲

나는
거기 서 있는
한 그루 나무이고 싶다

자색 양파

보랏빛 고운 옷을 겹겹이 걸치고
자기 몸 하나 단단히 보호를 한다
빛과 그림자 없는 땅 속에서
살을 키우며 작은 숨을 쉬고 있다
어둠을 모르고 사는 눈이 있어
오로지 멈춰선 듯 한자리에서
묵묵히 침묵하며 사는 것이다
여름이 오기 전에 세상을 알고 싶어
상하지 않는 몸으로 켜켜이
매운맛 단맛을 숨겨 놓기도 한다
처음부터 나중까지 한결같은 맛
한 꺼풀 또 한 꺼풀 떼는 속살까지
단순한 동심원을 그려내고 있다
영양분 듬뿍 양리성은 보너스
그러나 자기 몸에 칼을 대는 자에게
눈물을 흘리게 하는 일도
결코 서슴지를 않는다
이곳저곳 그 어디를 가더라도
모나지 않게 동글동글 살고픈 맘
그런 꿈 하나로 뉘 집에 머물더라도
몸속 켜켜이 품은 내 한몫 다 하리라

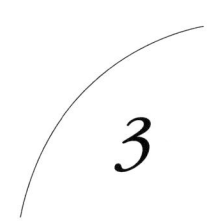

하얀 달

이른 새벽 서쪽 하늘에
창백한 얼굴빛 하나

고요가 깨어지는
새벽 풍경을 바라보며
민낯을 부끄러워한다

꼭꼭 입 다문 채로
무슨 사무치는 그리움
그리 많은 것일까

하늘에 달싹 붙어서
돌아 갈 줄을
모르나 보다

밝음을 잃고
창백해진 그 얼굴엔

그리움이 가득
사랑이 동글동글
피어나고 있구나

가면을 쓰고 봐

하얀 눈 덮인 마을은
한참을 휘청거렸다

비닐하우스
활처럼 휘어 내려앉고
천천히 오가는 자동차와
조심조심 걷는 발길의 행렬

가로수 선 채로
말없는 길잡이가 되고
가로등 불빛 아래
지친 사람들의 서글픈 행장

하늘 뚫려 별빛 쏟아지고
냄비 뚜껑만한 보름달이
밝고 환하게 웃다가
시름시름 우울해진다

아무리 생각해도 그 표정
난 알아차릴 수 없으니
함부로 말할 수가 없다
그날 저녁은, 저녁은

벽 壁

보여주기 싫었는가
누구 올까 두려웠는가
함부로 들락거릴 수가 없다

눈을 뻔히 뜨고도
들여다보지 못하는
가림막

빛도 소리도 그 무엇으로도
뚫지 못하는 장애물
너를 놓고 등 저버린 삶

눈 뜨고선 못 보는 저쪽
눈 감고선 보일 듯
신은 내게 영안을 주려는가

서로 다른 이질적인 삶
서로 다른 양면성의 성격
미지의 세계들

낮으면 낮은 데로

높으면 높은 데로
서로 교감할 수 없을까

벽을 뚫고 싶다
무너뜨리고 싶다
보고 싶어서다, 열린 세상을

달력을 바라보며

벽에 걸린 달력의
숫자 속에는
나란 놈이 숨어서 산다

숫자로 보이는
하루의 삶이란
나를 들었다 놓았다하며

균형과 불균형으로
오르막과 내리막으로
웃음과 눈물로 교차 한다

하루 스물 네 시간은
오로지 째깍째깍
시계소리로 느낄 뿐이며

달력 속의 숫자는
하루하루 커지는
숫자일 뿐인 것을

달력 한 장 떼는 날엔

내 마음 속에는
후회의 불씨 하나 남아

태워도, 또 태워도
재가 되지 않는 것이
세월이란 것을

달력 속에는 나란 놈이
숨어 산다는 것을
알 수가 있었다

아버지

희뿌연 갈대가 허공에다
쭈빗쭈빗 목을 뽑아 올릴 때면
그리도 보고 싶습니다

저 갈대처럼만 살아도
인생살이가 덧없이
마냥 흘러가진 않을 거라던
젊은 날의 말씀이 들리는 듯

가을바람 맞으며 강둑길을 거닐면서
내게 들려주던 전설 같은 이야기들
인자하시며 청청한 그 목소리
지금은 다시 들을 수도 없지만

강가로 그 강가로 지금도
갈대밭을 따라 거닐 때면
흔들, 흔들거리는 갈대 사이로
환하게 보일 것 같은 우리 아버지

저 높은 곳에서
물끄러미 바라보시는 갈대밭이

푹 익어가는 이 가을날이 되면
철없는 자식 바르게 살라 하시겠지

아버지, 그리도 보고 싶습니다
희뿌연 갈대가 허공에다
쭈빗쭈빗 목을 뽑아 올릴 때면

아침 이야기

창가를 두드리는
햇살이 금빛을 친다

소리의 맑음
눈과 귀의 밝음으로
조잘거리는 하루의 시작

커튼을 걷으면 창문으로
앞산 초록의 풍경들이
태초의 자연을 보여주고

나무와 나무사이
퍼덕이며 나는 맵새 떼
아름다운 날갯짓 한다

이처럼 아름다운 날
모두가 행복한 날
그런 날을 꿈꾸며

힘내자, 힘을 내자
서로를 토닥이는
우리 집 사랑이야기

집안 가득히
살맛나는 소리가
늘 달그락 달그락

토닥토닥

괜찮다, 괜찮다 한다
문제가 곧 풀릴 거라고 한다

두려워하지 말라고
슬퍼하지도 말라고

상처를 깊이 입었어도
통증이 전율하여도 참는다

기쁠 땐 잘했어, 잘했어
슬플 땐 괜찮아, 괜찮아

나는 너를 너는 나를
토닥토닥 괜찮다, 괜찮다 한다

커피가 좋아

밤바다를 가득 열어
커피를 마시며
파도소리를 나눈다
해변 길 언덕 위
바다로 향한 창가에
아메리카노 한 잔에도
파도가 일렁거린다
내게 다가서는 파도는
하얀 물거품을 내고
부서져 버리기 위해
밀고 밀면서 다가서고
그 파도는, 파도는
바위에도 부딪치고
출렁거리다 멀미도 하고
파랗게 멍도 들었다
파도는
밤바다를 열어 놓은 채
쉼 없이 수다를 떨다 간다
바다에 쏟아진 별빛이
커피 잔에 녹아 반짝반짝
그래, 아름다운 밤
커피 맛이 좋은 날이다

걱정

하루해가 지는데
집을 나간 우리 아들
안 돌아 오네

초승달 기우는데
소식이 없네
바람소리만 서걱거릴 뿐

등불 밝힌 채
잠 못 이루는 한 밤
속 타는 내 맘 삭는데

창문 두드리는 소리
귀를 쫑긋 세우면
추적추적 내리는 빗소리

내 유년 시절
부모님 속 태우던
그 시절이 마냥 젖고 있네

새벽은 돌아오는데
안 돌아 오네 우리 아이
그 어디서 뭘 하는지
안 돌아 오네

문 밖

젊은 날의 추억 하나
되돌아오던 그날
햇살은 사르르
꽁꽁 언 얼음장 위로
굴러 다녔다

황량한 들판
기지개를 켜고
땅 위로 올라서는
연두색 잎사귀
이슬을 물고자란다

다시 생각하여도
영원한 그리움
따뜻한 사랑들이
밤하늘에 가득히
별꽃으로 피다

삶의 시작은
언제나 동이 트는
새벽부터 라서

날이 밝으면
지난밤 꿈은 사라진다

이제
문밖은 따뜻하다
너랑 함께 꽃길을
거닐고 싶다
창문을 열어 보렴

내 마음 서랍 속

저녁노을 사라진
까만 밤
별들이 불을 밝힌다

이 아름다운 밤
오늘하루 있었던 일
모두 끄집어 내 놓고

개고 또 개고
차곡차곡 포개어
마음 서랍 속에 넣는다

그리워 할 일도
고독해 할 일도
뒤 섞여 진 채로

세상사 겪어 온
이야기가 쌓여만 간다
내 마음 서랍 속

흔적痕迹

셀 수도 없을 만큼
걸어 온 발걸음
품었던 자리마다
끌리는 눈길의 멈춤

조금씩이라도
애증을 가졌던
추억의 그림자가
노을빛으로 사라진다

노을 사그라지고
저녁을 맞은 어두운 밤
하늘엔 푸른 별이
총 총 총

아이들 없는
마음시린 골목길에
남아있는 것은 오로지
스치는 바람소리 뿐

고요, 고요 속으로
날아간 삶의 날갯짓
하룻밤 자고나면
태동胎動을 할 거야

연가 戀歌

산을 찾는 사람에게
산을 주고
바다를 찾는 사람에게
바다를 내어 주는

언제나 베풀며
내어만 주는 사랑
지금은 어디쯤에서
불타오를까

아직도
그대는 내 사랑
전신으로 다가가서
주고 싶은 사랑

마음 닿아 머무는 곳
그 어느 곳이든
지나가버린 슬픔, 눈물
다 비워 버리고

보이는 것들과
들리는 것들과
마주치는 것들 모두를
사랑하고 싶어라

고향

산과 들과 바다까지
어우러져 품은 곳
소박한 정 가득 깃든
내 고향 떠 올리면

바다 물결 일듯
솟구치는 그리움 속에
부뚜막 앞에서 눈물 훔치시던
어머니, 보고 싶다

지난 날 그때 그 모습
아직도 생생하나
옛 것은 사라지고 떠나고
바뀌진 환경이 몹시 낯설다

떠오르는 추억을 주워가며
동네 한 바퀴 휙 돌았다
마음이 그리도 따숩다
저절로 눈물이 쏟아진다

해거름에
굴뚝 연기 내뿜던 그 곳
따사로운 온기가
그립다, 마냥 그립다

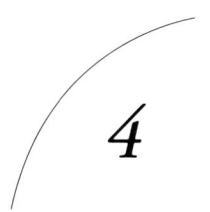

호수

은빛 하늘이 내려와
반짝거리는 잔물결이
구름마저도 잡아 내린다

해 저물어
어둑어둑한 때
바람이 하나 둘 빠져 버리면

비로소 침묵은 깨어지고
무수한 물살 흔들리며
고독이 밀려 나간다

그 어디서 왔을까
나뭇잎 하나 떠다니고
달빛 살며시 내려와

그리운 사람들
사랑하는 사람들
모두 다 어루만지며

어머니 품속 인양

더 넓고 더 깊은 마음
다 끌어다 안은 꿈 터

별빛 사라지는 곳
안개가 내리고
물빛 고요히 잠이 든다

딱따구리의 언어

참나무 숲길 마른 나무에 조그맣게
구멍 하나 뚫려 있다
그 안으로 도란도란 딱따구리의 언어가
편안하게 웅크리고 있다

딱따구리는 강한 부리로
나무를 뚫는 소리가 자신의 유일한 언어다
숲속의 고요를 깨뜨리는 재빠른 두들김
딱따구르 딱 딱

머리 아프도록 마구 두들기는데
고통을 모를 리가 있을까
아무렇지도 않은 표정 참 신기하다
오로지 두들김의 언어 때문이 아니겠는가

딱따구리의 언어는 눈물을 보이지 않는다
숲속의 맑은 난타 소리를 내며
나무속에 기생하는 나쁜 언어를 쪼으며
스스로는 푸른 깃털을 여민다

내 영혼이 숲속의 고요를 깨는
맑은 소리로 꽉 차 오르고
딱따구리의 언어를 배운다
딱따구르 딱, 두들김의 긴 문장을

달빛 소리

너, 들어 보았느냐
밤을 맞이하면
읊조리는 밝은 소리를

자정 넘으면
고요 속으로 파고드는
노란 소리

시인이 아니면
들을 수가 없는 소리
들리지도 않는 여린 소리

온 누리에 잔잔한 떨림으로
새벽이 밀려오면
서산을 넘어서 가는

밤을 맞이한 사람만이
들을 수 있는 비밀이야기
내게서 멀어질 때면

가슴속 깊숙이
적셔 버린 그리움
사각사각 땅으로 숨는다

바위

입이 없어서일까
천 년을 살았어도
말 한 마디가 없다

몸에 쫙 배인
탄탄한 근육으로
모진 풍파 이긴 탓일까

세상을 등지고
산자락에 올라 서
하늘의 계시를 받는다

우주의 현상, 생의 소리
빛과 그림자 까지도
마냥 삼키지 않았을까

기어오르는 자들에게
가슴을 내어 주고
장엄하게 서 있는 의젓함

비바람, 눈보라 때려도

여럿이 함께 흔들어 봐도
묵묵히 선 태연함이여

천 년이고 만 년이고 너는
우주의 신비 속에서
깨어지지 않을 존재자로다

고사포에 가면

고사포에 가면
소나무 숲 그늘에서
바다 냄새가 난다

소나무 그늘로
바닷바람이 밀려오면
텐트 안에서도
바다 향기를 맡는다

일상탈출의 여유로움으로
삶의 고삐가 풀린 곳
제 각각 끼리끼리 모여
소곤거리는 소리들이
파도 소리로 일렁이고

이곳은
참 따뜻하다
사랑으로 물들고 있다

모두들 켜켜이 쌓는다
해수욕과 갯벌체험을

어둔 밤 파도소리까지

해변의 풍광에 취한 듯
시간 가는 줄도 모르고
흘려 내보낸 시간들

썰물 빠져나가듯
다 지난 시간 뒤로
별빛 가득 쏟아진다

헌 책방

번화한 거리를 비껴서
중고 책 수북한
헌 책방이 앉았다

진열대로 눈길을 돌려
찬찬히 바라보면서
내가 '로뎅'인양
생각이 깊어진다

구석진 곳 도사린 채
나와 눈 맞춤 하는 책
고양이 검은 눈빛처럼
번쩍번쩍 뜨였다

누가 날 데려갈까
조바심으로 살던 고독
책장마다 틈 없이 꽉 끼어
살아가는 쓸쓸한 몸짓들

내가 살려 주고 싶다
여기저기서 몇 권 끄집어 내
내 품에 안았다

직소폭포에서

내 변산 산중을 흔드는
장엄한 물소리의 풍광
얼마나 오랜 세월로 빚은
맑고 깨끗한 자태인가

누구랑 그 얼마를 살고
무얼 얼마만큼 비워내야
저리도 신선한 물빛 함성이 될까

계절을 가리지도 않고
밤낮 없이 저리 떨어진다
폭포는 언제나 떨어져 못으로 고여
푸른 용 한 자락 키울 것이다

저 시원한 소릴 들어보자
이 산중 속에서
누굴 부르는 소릴까
소리가 소리로 엮어
폭포 아래 떨어지는 언어들

눈 깜짝할 사이 낙하하여
전신으로 뻗어나가
그대에게 여울져 가서
임을 부르는 몸짓

동진강

민중의 함성소리가 물 흐르듯 들려오던
드넓은 호남평야 기름진 옥토를 만들어준
그 맑은 푸른 물줄기

죽창 들고 저항하던 그 옛날의 당당함
그 모습 어디에 있는가
해 뜨고 달뜨면 왜 너만 외롭게 슬피 우느냐

굽이굽이 그 강가로 낚싯대 늘어섰던 시절도
무수한 세월에 닳아 흔적 없이 삭아 흐르고
메마른 갈대 우거진 곳 가끔씩 노닐던 고니 떼

울다가, 울다가 떠난 자리
내리쬐는 햇살 머금은 푸른 강물은
지금도 여전히 유유히 흐른다

강물은 거꾸로 흐르지 못하는 까닭에
한 많은 역사의 현장 되살려내지 못하고
피울음 토하듯 저녁노을 속 불타고 있는가

너는 급류를 맞는 고비에서도 균형을 잡고

버티면서 부지런하게 살았으니
그동안은 고통 속에 얼마를 울었을까

아, 흐르는 물줄기는
세월을 이길 수가 없나보다
세월의 무게로 흘러감이 느릿하다

바다 예찬

파도 소리 끊어진 서해 밤바다는
억만년 고요까지 품어 안은 채
찌그러진 달빛아래 깊이 잠들어 있다

멀리서 깜박이는 등대
쉬지도 않고 바다를 지키며
사랑의 신호탄을 쏘아댄다

아침 해가 떠오르면 가슴을 열고
고독한 생을 흔드는 낭랑한소리
늘 귀가 가렵다

날 좀 잡아가, 날 좀 주워가
날 좀 뜯어가, 외침의 소리는
뭐든 주며 살고자 함이 아닐까

마음 포근한 바다는
짭짜름한 물을 마시며
아픔도 없이 잘도 살지 않는가

망망대해 그 넓은 가슴일랑

늘 사랑과 소망이 일렁이고
구름마냥 설렘도 여운도 품고

어디로 가는 건지 어디에 머물 건지
사뭇 알 수 없는 바다여
너는 사랑밖에 모르나 보다

서해 밤바다

가진 것 없어 줄 것도 없다

파도는
연거푸 하얀 거품만 뱉다

바다를 바라볼 때면
파도소리 내 안에 들어와
작은 바다가 되고
바닷물 속 헤아릴 수 없는
활개 치는 어족들의 자유

저 푸른 바다처럼만
이 세상을 살고 싶구나

파도는 출렁이고
바다와 나는 이야기 한다
힘든 것은 한 순간이고
지는 것도 이기는 거라며
가슴 맞대어 다독여준다

파도는 내 안에 있고 아직도

나는 바다를 사랑하고

파도소리는
밤새 울어대고
까만 서해 밤바다엔
별빛이 쏟아져 내린다

위도, 그곳은

조선시대 유배지로
외롭기 그지없던 섬
시대의 갈기를 헤치고
여객선이 드나드는
살맛나는 풍요의 땅

그 옛날
칠산어장을 누비던
고깃배들 풍경은
어디에 꼭 꼭 숨어 있을까

한산한 고요의 섬
바닷가 하얀 모래밭에
연인들 발자국 무수하다

학꽁치 잡는 낚시꾼
상사화 보러 온 무리들
해수욕 즐기는 사람들

바다로 갔다 돌아오지 못한
자식을, 남편을, 아빠를

그리워하는 눈망울들

파도소리 들릴 때마다
펼쳐지는 신비한 풍경
머무르고픈 천혜의 휴양지
위도, 그곳은

길 위에서

바람 일렁이는 날
아스팔트 따라 뻗어간
길을 걷는다

마주치는 사람들
나와 다른 방향을 간다
가는 곳이 어디일까

누구에게나 주어지는
하루 한 날의 길
제각기 다른 시간을 보낸다

느릿느릿한 걸음도
아주 재빠른 걸음도
시차를 두고 그곳을 벗어나고

때로는
길 위에 머물러 선 채로
누군가를 기다리기도 한다

길은 나의 또 하나의 삶

오가는 길 위에 흘린 시간들
추억으로 돋아 오른다

길을 걷는다
동행이 아니어도
결코 외롭지 않은 까닭이다

승강장에서

버스를 기다리는 시간
지금은 마음의 여유를 가진다

빨리 해 치우기를
습관처럼 살아온 지난 날
그땐 무엇이 그리 급했을까

승강장에 그려지는 풍경
핸드폰을 열고 보거나
명상에 잠긴 듯 조용한 사람들

앉아 있어도 서 있어도
이젠 익숙해진 행동
기다림의 여유로움인가

승강장에 바람이 불면
긴 머리카락 흩날린다
흐르던 땀도 멎는다

이제 기다림의 시간보다
가야 할 시간이 더 길다
별꽃이 피고 있다

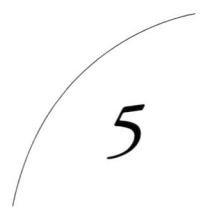

푸른 세상

푸릇푸릇한 이파리가
바람을 당기고
바람 스치는 곳마다
푸르름이 번진다

머무는 곳, 손닿는 자리
온통 푸르다
하여, 삶에 지친다 해서
머리 아파 할 이유 없다

푸르게 물듦 속에
푸른 마음으로 살 때
우리는
세상 두려움을 모른다

부서져 내리는 햇살
빛 부신 오월의 한 낮
보리밭 사이 길을 간다
푸른 소리, 속삭임에 끌려

한여름날의 풍경

뙤약볕이 납작 엎드린 한 날
가지려는 것도 버리고 싶은 것도 많다
아무렇게 자란 풀잎은 갈증을 앓고
느티나무 아래 모인 촌노村老들은
오롯이 산들바람을 원한다
양산을 쓴 젊은 여인이
진한 아로마 향을 뿜어내며
시멘트바닥 길을 걸어가고 있다
길섶에 나리꽃이 노랗게 익었다
따가운 볕살에 짓눌려 풀어진 삶
맥 풀린 듯 스러지기 시작 한다
고열 속에 데쳐진 여린 잎사귀
사느냐 죽느냐의 숙제를 푼다
태양이 하늘아래 꽉 채운자리
무엇하나 똑바로 선 것 없다
사방팔방 바람길 막혀버린 곳
한낮이 한밤중인양 적막하다
땀 송송 흘릴 때마다 다문 입이
목마름으로 헉헉 거린다
뙤약볕 납작 엎드린 여름날

갈매기의 꿈

빛 부신 은빛 물결
잘게 부서져 갈 시간
갈매기 떼는 물위를 날며
자유를 부르짖는다

오늘처럼 맑은 날
더 높이 떠올라
아주 편안한 몸짓으로
멀리 멀리 날고 싶어 한다

날개를 접으면
금방 추락하고 만다는 걸
어찌 알았을까
내려앉을 생각이 없다

날아야만 살아남고
살아야 먹일 구하는
일상의 생활 방식이란
걷는 것이 싫은 이유다

끼룩 끼룩 끼룩

바닷바람을 핥고
석양 노을 속으로
사라져간 울음소리

별빛 유난히 반짝이는
오늘 밤이면
영원히 깨어지지 않을
꿈을 꾸지 않겠는가

친구여

가을이 곱게 익은 날
낙엽을 밟는
가을남자는 고독하다

추적추적 내리는 빗소리
귀로부터 멀어질 때
가로등 불빛 속 그림자 하나

콧노래 흥얼대며
함께 거닐던 그 시절
지금은 어디에 있을까

젊음을 발산하던
다정했던 그 얼굴이
새록새록 떠오르는 밤

어둠은 추억을 덮고
고이 잠이 든 채로
꿈결 속에 피는 그리움

오, 친구여
갈잎 쌓이는 이때는
너무도 그립구나, 네가

가을 맞은 논

일조량을 흠뻑
들이켜 마셨나
벼 이삭은 알차다

이전과 이후
달라지는 모습들
바라보는 눈 살맛이다

비를 뿌려도
바람 불어도 염려 마
그러면서 익어간다

토실토실한 낟알
주렁주렁 열린 때
얼마나 풍요로운가

푸른 하늘 아래
황금 물결치는 들판
꽹과리 소리 신명 나겠다

기다림의 미학

가을을 기다리는 사람은
가을을 사랑하는 사람이다

물듦의 계절
잠 못 이루는 사연
어제는 외로움 때문이었고
오늘은 그리움 탓이다

몇 밤을 지나쳐야
노란 국화꽃이 활짝 필까
가을바람 속 번지는 향기
기다림에도 고독이 쌓인다

보다 아름다운 내일을
그려보고 싶은 마음
알록달록 물듦의 풍광
끌어안고 싶은 뜨거운 열정

기다림은 고통이다
숨겨진 고통 속에는
삶의 지혜가 있고

겸손이 도사리고 있다

하여, 기다리면 보인다
아름다운 계절이 보이고
내가 할 일이 보이고
감사할 일까지 보인다

가을을 기다리는 사람은
가을을 사랑하는 사람이다

붉게 익은 하늘을 보다

해거름 길에 서서
타는 저녁노을을
한 없이 우러러 본다

내가 서 있는 자리
바람만 휑하니 불뿐
아무도 없다

홀로 거닐며
붉게 익은 하늘 한 조각
꼭 쥐어 호주머니에 담다

소곤소곤 이야기 나누며
노을 속으로 가는 사람들
하나 둘씩 나를 스쳐간다

붉게 익은 하늘은
어둠속에서 잠자고
별빛만 가득히 쏟아진다

그 소리, 가을 소리

늦은 밤
책을 읽다가 창문 두드리는
소릴 듣는다

그 소리, 가을소리
추적추적 내리는
빗방울 우는 소리

흔들리는 불빛
고요를 가득히
냉기류가 도는 밤

자꾸만 떠오르는 그대
내 가슴을 쿵쿵 치는
그 소리, 고독을 깨뜨리는 소리

우주를 돌다가, 휘돌다가
귀 언저리에 뱅뱅 거린다
적막한 늦가을의 밤

가을 색칠

가을이 그려내는 풍경
모든 것 설렘의 아름다움
눈으로 담고
사진으로 담아 본다

사람들의 물결 속
내가 주인공이 되고
사람과 사람들 사이
노을빛 곱게 내려
깊이깊이 빠지는 가을

빛과 빛깔로 영롱한
무수한 꽃들과
가을밤, 가을 하늘
불꽃 사라진 고요 속에
처량한 가을 달빛 어린다

고요한 밤이라도 좋고
서리 내리는 한밤중도 좋다
가을 타는 사람들끼리
이 밤 세상을 온통
곱게 물들여 볼거나
가을을 색칠하는 사람되어

가을 끝자락

우주에 떨어지는
나뭇잎이
바람 따라 날린다

세파에 시달린
피멍 자국이
조각나고 있다

그냥 가는 곳이
목적지이고
떠도는 것이 삶이라니

정지한 채 있는 것은
흔들리지 않을 터지만
마냥 흔들리는 것은

가을의 정취,
가을의 미소,
삭아가는 신음소리다

황혼의 석양 길에
휩쓸려서 가는
가을 끝자락

월동 준비

늦은 가을
비가 내린 뒤
나뭇잎 다 잃어버린
가난한 가로수

우듬지를
쳐내고 나면
나무는
가슴앓이를 하고

차곡차곡 쌓인
사념思念들
허허한 날을 보내며
마음속 깊이 남은 것은

차가운 하늘 한 조각
가난을
물려주지 않으려고
발버둥 치는 것일까

세찬 바람에 부딪치며
침잠沈潛으로 우뚝 서
벌거벗은 몸으로
겨울을 견디는 연습중이다

열풍 熱風

엄동설한 칼바람에 산자락 고요의 깨어짐
나목의 흐느낌 소리 죄다 얼어붙은 밤
굵디굵은 나뭇가지 휘청휘청 거리면서
살갗 터지는 고통위로 싸락눈이 내린다

눈 오는 밤 별빛은 잠이 들고
길은 뚝 끊어진 채로
밤새 눈은 마구 흩날린다
세상을 가난의 나락에 떨구고
우주 속 자유가 부서져 내린다

하염없이 눈은 내리고
무심히 지나쳐 버린
보잘 것 없는 나의 시간을
쌓여가는 눈 속에다 묻었다

모두가 얼어붙은 혹한의 밤
무수한 사념들 차가운 가슴을 녹이고
나뭇가지 흔들림, 깊은 숨소리는
내가 사느냐 죽느냐를 묻고 있다
엄동설한 열풍 속에서

겨울 숲에서

바람 지워 버린 이른 아침
참나무 숲길을 걷는다
곧게 뻗어간 가지 끝으로
구름 한 점 걸쳐 있다

발 닿는 곳은 바스락 소리
낙엽들이 조각나고
조각난 것들은 침묵하며
땅 냄새로 취해 삭아지겠지

산새 울음, 동물들 소리도
숨어버린 한적한 숲속
좁은 길을 따라가며
내 발자국 뚝뚝 떨어진다

한참을 걸었다
몸속으로 땀이 흐른다
한파의 여운 탓일까
귀와 볼이 몹시 시리다

가던 길을 돌아 선다

나를 스쳐가던 사람들
불그레한 얼굴빛이
내 몸을 따뜻하게 한다

어디서든 무엇이든
이기고 참고 견디면
훈훈해지는 세상이란 걸
겨울 숲길에서 줍다

겨울나무를 보며

우듬지 잘린 나뭇가지는
혹한의 겨울을 흔든다

말없이 눈물도 없이
겨울을 삭히는 나날들

상한 마음을 품어 안고
가슴앓이를 한다

선채로 흔들리면서 때로는
벌떡 눕고도 싶었겠지

똑바로 서지 않으면
생명을 잃을 것만 같아

수평보다는 수직을
갈망해 온 뼈저린 습관

하늘로 뻗어가는 모습
벌거벗어도 행복한가 봐

봄이 온다

겨울이 물러서는 자리마다
어머니 품속처럼
따스한 온기 스미고

차갑던 땅
스르르 제 풀에 녹고
파랗게 실눈 뜨는 새싹들

봄바람으로 설렘 넘쳐
지상은
온통 싱그럽다

오가는 거리마다
사람들의 환한 얼굴
볼그레한 미소들

무엇보다도 먼저
눈에 쏘옥 들어오는 것
가벼운 옷차림의 행장

여인들이 예쁘다
세상이 다 따숩다
봄, 봄의 마음들

그 겨울은

냉기 가득 찬 고요 속의 고요
날아드는 눈발은
무명의 바람까지 몰고 온다

바람소리는
밤의 적막을 깨며 또 깨며
온 세상을 엎어 놓는다

바람 쌓인 위로
눈이 연거푸 쌓이고
덮인 눈 속으로는
겨울이 오스스 깃들다

나목裸木은
선 채로 침잠沈潛에 들고
기침소리 하나 내지 못한 채
뼛속 깊이 스며드는 고요

눈 덮인 마을은
하얀 정적

아궁이에 핀 불꽃이
활활 타오를 때
그 겨울은
붉은 온기의 불티를 날린다

잠잠히, 잠잠히
그리고 안섶으로 파고드는
인간들의 정화情火

눈길을 걷다

눈보라가 치는 날
눈을 맞으니
하얀 멍 자국이 생긴다

가끔씩 흔들고 톡톡 털어
멍 자국 상흔을 지우고
재발하지 말라고 빌었다

하얀 눈길을
앞만 보고 걷는다
뒤 따르는 발소리 들린다

뒤돌아보면
눈 속으로 숨어 버리는
하얀 겨울의 풍경들

눈길에 나무가 없으면
나그네는 길을 찾을 수가
없었지 않았을까

꼭 만날 사람이 없어도

딱히 가야할 곳이 아니어도
길을 걷는 것 익숙한 버릇이다

하여, 늘 순수하게 살라고
하늘이 내리고 열어준
때 묻지 않은 길을 걷는다

눈보라가 매섭게 치는 날
눈을 맞는 것도
겨울을 즐기는 행복이다

비 오는 밤길을 걷다

가로수가 선채로 꼼짝을 아니하고
후 두둑 떨어져 내리는 물 폭탄을 그냥
온몸에 받으며 슬픈 밤을 맞이하고 있다
가로등 불빛 아래 모여들던 하루살이가
모습을 보이지 않았다
늦은 저녁 귀가를 서두르는
검은 염소 떼의 발자국소리

술에 취한 한 남자가 비틀 거린다
비 사이를 피하려고 몸을 흔든다
아스팔트 위 모든 물상들도 흔들린다
질서란 오직 곧은 아스팔트길 뿐
모두들 한 방향으로 가고 있다
어둠도 따라 간다
무릎 아래까지 지구는 적셨다

이 저녁 어둠속에서 움직이는 건
차와 사람, 그리고 빗물의 흐름뿐
말문이 닫힌 쓸쓸함이 깔려 있고
빗물에 젖은 희미한 길만 열려 있다
따뜻한 커피 한잔이 생각났다

문닫아버린 카페

이제 밤거리도 문을 닫을 때
빗물은 나를 자꾸만 따라 온다
이제 빗물과 이별할 시점
가거라 어둠의 늪으로
난 자유로워질 수 있다는 생각을 한다
비 오는 밤이 깊어갈 즈음

평설

신남춘 시인의 시는 맑은 영혼의 서정시다

소재호 (시인, 문화비평가)

　신남춘 시인은 시적 내공을 오랜 기간 쌓아 왔으며, 벌써 몇 권의 시집도 출간한 중견시인이다. 필자와 인연을 마주한 지도 10여 년을 넘었을 것이다. 교직자로서 초등교장의 직위에서 교육하는 일에 열과 성을 다 바쳤으며 정중한 인생 경륜을 쌓아 이미 인격 도야와 인품 함양에서 모범을 보여 온 터에, 평소 꿈꾸어 왔던 문학의 길에 정려한 이력을 더 보탠다.
　그의 시는 중견 시인의 작품답게 시적 체계와 양식으로 시인으로서의 적정한 경지에 도달해 있다. 「한 컵의 물」에서 '태고의 천둥소리'를 읽어내는 혜안慧眼은 교응交應의 세계에 당도한다. 교응의 세계는 시공의 개념이 안개처럼 흩어지고 순명한 존재의 실현 가능성이 무한히 증대되는 질서의 세계이자 주객이 합일하여 일체감을 이루는 공감각共感覺의 세계이다. 우주와 '나'가 그리고 '나'와 나의 영혼이 음악적 대화로서 조화를 자아내고, 전능하신 뜻 앞에 지고미至高美를 청원하는 그지없이 승화된 영혼의 상태이다. '말없는 꽃과 사물들의 언어'를 노력 없이도 이해할 수 있고 계산하지 않고도 실현할 수 있는 상호 교통의 상태인 것이다. 거기서는 음악적 대화로서 "향기와 색깔과 소리들이 화음 한다." 해독을 위한 언어가 아닌 직접 언어가 상징의 실상과 그 현상을 조화롭게 교통시킨다.

교응의 세계는 초월하는 시인의 직접 언어를 구사하는 시의 고향이다. 이는 '교응의 미'에 완전히 접합됨을 의미한다. 사유와 인식이 가능한 한 우리는 미의식을 지닌다. 미는 인간을 순수한 쾌감으로 고양시켜 주며 황혼의 비상을 가능케 한다. 미의식으로 하여 우리의 순수한 쾌감이 충전될 때, 영혼은 자유로운 비상과 그 도취를 더욱 절실히 체험한다. 그것은 마치 천상天上의 별을 그리워하는 불나비의 열정과도 같다. 천상의 별을 그리워하는 것은 어쩔 수도 없는 인간의 향수鄕愁이다. 영광과 질서 속에서만 조화롭게 빛나는 '천상의 미' 지고미에 대한 불타는 향수이다. 그것은 또한 영혼의 불멸을 확인해 주는 산 증거이기도 하다. 전능하신 뜻에의 향수 속에서만 영혼은 충분한 자신의 존재를 실현할 수 있다. 그처럼 지고미는 탁월한 시인의 불타는 향수와 끊임없는 순교를 요구한다. 시인에 있어서의 지고미의 탐색은 전생을 바쳐도 미치지 못하는 순교의 역사役事이다.

그러한 갈망과 더불어 시인은 항상 지고미의 충실한 사자임을 자처하고, 어쩌다 희귀하게 빛을 발할 뿐인 지고미의 미소로 시를 지으며 불나비의 역사에 목숨을 바친다. 고독하고 숭엄한 선의 작업을 통해 전능하신 뜻이 하나의 암호 혹은 상징으로 보여주는 눈부신 꽃을 찾아서 목숨을 태워 촛불을 밝힌다. 전능하신 뜻과 고향에 들고 싶은 그 절개로 시인은 오늘도 지고미를 갈망하고, 열렬한 향수와 고귀한 좌절을 동시에 체험하며, 불나비 같은 순교를 감내하는 것이다.

보릿고개 시절
어머니의 물 한 컵은

허기를 이긴 생명수였다

하늘을 빗살로 치던
태고의 천둥소리 데불고
이 땅의 갈증을 덜던
생명수

어머니의 어머니의
탯줄로 스며 오던
팔 할의 수분을
몸으로 받아 여기에
한 컵의 물을 더 얹다

우리가 살아나서
주라기의 공룡시대를 더듬어
청정한 내 하나를 건널 것이다
한 컵의 물
태평양 해일을 머금은
─「한 컵의 물」전문

  여기서 '한 컵의 물'은 무한 시공^{時空}을 넘나들며 존재론적 화법을 이끈다. 시간 개념인 '태고' '주라기의 공룡시대' '보릿고개 시절'과 공간개념인 '태고의 천둥소리' '공룡시대(원시시대의 밀림)' '태평양' 등으로 연계되는 무한 시공은 그 시와 공의 교음으로 조화롭게 일체화 하는 모습으로 어느덧 상징성에 접근한다. 물=생명수=인류 조상의 생명=태평양 바다로 도식되는 연계성은 치밀하게 의도된 '교응의 미' 그 전범^{典範}이다. 한 컵의 물이 자아내는 이미지는 일파만파로 전이된다. '물'은 우주 존재의 근원이라는 암시를 담고 있다. 매우 우수한 시다. '보릿고개'란 우리 선인들의 피 말리는 궁핍의 현실을 끌어다 물 한 컵에 연계시키는 발상은 매우 참신하다.

참나무 숲길 마른 나무에 조그맣게
구멍하나 뚫려 있다
그 안으로 도란도란 딱따구리의 언어가
편안하게 웅크리고 있다

딱따구리는 강한 부리로
나무를 뚫는 소리가 자신의 유일한 언어다
숲속의 고요를 깨뜨리는 재빠른 두들김
딱따구르 딱 딱

머리 아프도록 마구 두들기는데
고통을 모를 리가 있을까
아무렇지도 않은 표정 참 신기하다
오로지 두들김의 언어 때문이 아니겠는가

딱따구리의 언어는 눈물을 보이지 않는다
숲속의 맑은 난타 소리를 내며
나무속에 기생하는 나쁜 언어를 쪼으며
스스로는 푸른 깃털을 여민다

내 영혼이 숲속의 고요를 깨는
맑은 소리로 꽉 차 오르고
딱따구리의 언어를 배운다
딱따구르 딱, 두들김의 긴 문장을

-「딱따구리의 언어」 전문

"딱따구르 딱"은 딱따구리가 고목나무를 쪼는 소리(행위)이지만 마치 타이프 치는 모습이라든지, 스님들의 목탁 두드리는 소리를 방불케 하며 '언어' 발생으로 유추시킨다. 시의 발상이 재미 있고 유추해내는 사고가 슬기롭다.

구상 시인은 언어에 영혼이 깃든다는 의미로 언령言靈이란 어휘를 즐겨 쓰셨다. 실상 우리가 영혼이라고 일컫는 말은 그것이 언어로 표상되면서 영혼은 실상을 드러낸다. 이 시에서 '내 영혼이 숲속의 고요를 깨는'것으로 묘사하면서 딱따구리의 쪼는 행위(소리)는 벌써 언어적 의미로 표상되고, 다시 영혼의 기호로 둔갑한다. 딱따구리가 쪼는 행위는 '나쁜 언어를 쪼으며' 슬픔이나 눈물이 아닌 '환희의 언어' '맑은 영혼의 소리'를 키워낸다. 한 가지 행위로 선과 악을 분별하는 두 가지 기의가 동시에 작용한다. '구멍 속에 편안하게 웅크리는 언어'는 사실 침묵이다. '고요를 깬다'고도 했지만 침묵(고요)과 소리(언어)는 대칭 대립의 상관관계이면서 서로 교응하는 일체감을 표방하는 역설적 어법이다. 참 좋은 시이다.

가로수가 선채로 꼼짝을 아니하고
후 두둑 떨어져 내리는 물 폭탄을 그냥
온몸에 받으며 슬픈 밤을 맞이하고 있다
가로등 불빛 아래 모여들던 하루살이가
모습을 보이지 않았다
늦은 저녁 귀가를 서두르는
검은 염소 떼의 발자국 소리

술에 취한 한 남자가 비틀 거린다

비 사이를 피하려고 몸을 흔든다
아스팔트 위 모든 물상들도 흔들린다
질서란 오직 곧은 아스팔트길 뿐
모두들 한 방향으로 가고 있다
어둠도 따라 간다
무릎 아래까지 지구는 적셨다

이 저녁 어둠속에서 움직이는 건
차와 사람, 그리고 빗물의 흐름 뿐
말문이 닫힌 쓸쓸함이 깔려 있고
빗물에 젖은 희미한 길만 열려 있다
따뜻한 커피 한 잔이 생각났다
문닫아버린 카페

이제 밤거리도 문을 닫을 때
빗물은 나를 자꾸만 따라 온다
이제 빗물과 이별할 시점
가거라 어둠의 늪으로
난 자유로워질 수 있다는 생각을 한다
비 오는 밤이 깊어갈 즈음
―「비 오는 밤길을 걷다」 전문

    이 시는 매우 이미지즘의 형상을 그리고 있다. 비 오고, 어둠고… 설상가상의 중첩된 '암울'인 셈이다. 시적 화자는 '술에 취한 한 남자'로 분신한다. 생애가 온통 절망인 시절의 밤길을 걷고 있다. 화자가 어둔 길을 걷는데 비가 따라 온다. 비가 오는데 화자가 비를 따라 간다. 어둠과 비 오는 정경은 화자의 생에 대한 배경이자 하나 되는 일체감을 부각시킨다. 서두에서

피력한 교응의 넘나듦이거나 교합의 경지이다. 마지막에 설정한 '자유로워짐'의 지향점을 빼고는 모든 시적 정서는 데카당스하다. 생의 온기는 '따뜻한 커피 한 잔'에서만 발견될 뿐이다. 시의 주제는 항상 건전해야 한다는 법칙이 있는 것은 아니다. '주제 없음' '의미 없음'의 시를 쓰는 소위 '반시'와 유형을 같이 하는 풍토도 시단에 엄연히 존재한다.

특히 이 시에서는 수사상의 꾸밈이 절제되며 서사적 추보적 문맥의 흐름이 돋보이는 시이다. 시가 존재하는 이유를 증명이라도 하려는 듯 인생을, 인생의 여정을 형상화해 내는 기법이 절묘하여 찬의贊意를 얻는다.

빛 부신 은빛 물결
잘게 부서져 갈 시간
갈매기 떼는 물위를 날며
자유를 부르짖는다

오늘처럼 맑은 날
더 높이 떠올라
아주 편안한 몸짓으로
멀리 멀리 날고 싶어 한다

날개를 접으면
금방 추락하고 만다는 걸
어찌 알았을까
내려앉을 생각이 없다

날아야만 살아남고
살아야 먹일 구하는

일상의 생활 방식이란
걷는 것이 싫은 이유다

끼룩 끼룩 끼룩
바닷바람을 훑고
석양 노을 속으로
사라져간 울음소리

별빛 유난히 반짝이는
오늘 밤이면
영원히 깨어지지 않을
꿈을 꾸지 않겠는가
―「갈매기의 꿈」 전문

갈매기의 꿈은 작가 시인의 꿈이다. 말하자면 갈매기는 시적 화자를 대신하여 꿈을 꾸어 주는 아바타인 셈이다. '빛 부신 은빛 물결/ 잘게 부서져 갈 시간'은 역시 시공이 함께 교응되고 있다. 갈매기가 존재하는 배경으로서의 시공時空인 것이다. 그런데 그 시공은 아름다운 '별천지'이다. 자유를 누리는 자만이 끼어들 수 있는 일종의 유토피아이다. '걷는 것이 싫은 (땅 위의) 삶'의 대척점에 바다는 펼쳐져 있다. '바닷바람을 훑고/ 석양 노을 속으로/ 사라져간 울음소리'에서는 작가의 아바타인 갈매기가 자연과 합일되는 물아일체物我一體의 정경이 설치된다. '스스로 그러한 대로'의 무위자연無爲自然의 도교적 탄타지가 설정된다. 뭍에는 온갖 위험과 자유를 방해하는 요소들과 꿈의 반대 개념들이 도사린다. 결국 갈매기가 추구하는 세계는 '별빛 반짝이는 꿈의 세계'인 것이다. 소녀적 정서가 시 전체에 굽이친다.

내변산 산중을 흔드는
장엄한 물소리의 풍광
얼마나 오랜 세월로 빚은
맑고 깨끗한 자태인가

누구랑 그 얼마를 살고
무얼 얼마만큼 비워내야
저리도 신선한 물빛 함성이 될까

계절을 가리지도 않고
밤낮 없이 저리 떨어진다
폭포는 언제나 떨어져 못으로 고여
푸른 용 한 자락 키울 것이다

저 시원한 소릴 들어보자
이 산중 속에서
누굴 부르는 소릴까
소리가 소리로 엮어
폭포 아래 떨어지는 언어들

눈 깜짝할 사이 낙하하여
전신으로 뻗어나가
그대에게 여울져 가서
임을 부르는 몸짓
- 「직소폭포에서」 전문

   직소폭포의 '폭포'도 의인화 되어 있다. 자기수련과 수련에 오로지한 산중 '도인'같은 풍모이다. 다시 도교적 자연 그대로의 풍광이다. '자연은 제2의 사원'이라 칭송했던 보들레르의 선언이 상기되는 대목이다. 그런데 폭포는 전 생애를 다 바쳐 누구를 부른다고 했다. 임을 부르는 몸짓이라고 했다. 여기서 임은 사랑하는 여인쯤으로는 해석되지 않는 절대의 존재쯤 되는 임이리라. 폭포가 태어나서 영원히 부르짖는 임이란 도대체 누구일까? 전지전능한 어떤 산신령쯤 되는 임이거나 '푸른 용 한 자락'이 될 성도 싶다. 작가는 자연의 신에 성큼 다가선다. 맑고 청정하고 우아한 시심詩心이다.

　　가을을 기다리는 사람은
　　가을을 사랑하는 사람이다

　　물듦의 계절
　　잠 못 이루는 사연
　　어제는 외로움 때문이었고
　　오늘은 그리움 탓이다

　　몇 밤을 지나쳐야
　　노란 국화꽃이 활짝 필까
　　가을바람 속 번지는 향기
　　기다림에도 고독이 쌓인다

　　보다 아름다운 내일을
　　그려보고 싶은 마음
　　알록달록 물듦의 풍광
　　끌어안고 싶은 뜨거운 열정

　　기다림은 고통이다

숨겨진 고통 속에는
삶의 지혜가 있고
겸손이 도사리고 있다

하여, 기다리면 보인다
아름다운 계절이 보이고
내가 할 일이 보이고
감사할 일까지 보인다

가을을 기다리는 사람은
가을을 사랑하는 사람이다
─「기다림의 미학」 전문

가을을 사랑하므로 생의 보람을 찾아 간다는 매우 건전한 정서의 시이다. 가을을 사람들은 대체로 애절함, 쓸쓸함, 허전함, 허무와 무상 등 데카당스한 정서로 표현한다. 쇠락이요 영락이며 퇴락으로 가을을 정의하기도 한다.

이 시에서는 '물듦의 계절' '알록달록 물듦의 풍광' 몇 밤을 지나쳐 맞이하는 '노란 국화'의 시절임을 표방하여, 가을의 정서가 얼른 기쁨, 환희의 세계로 건너뛴다. 무엇인들 기다린다는 것은 고통도 고독도 다 극복되며 그리고 가을을 사랑하게 된다고 했다.

기다림은 희망이다. 아름다운 계절, 아름다운 임, 그리고 아름다운 삶까지 연계되는 건강한 정서가 이 시에서 굽이친다.

뙤약볕이 납작 엎드린 한 날
가지려는 것도 버리고 싶은 것도 많다
아무렇게 자란 풀잎은 갈증을 앓고

느티나무 아래 모인 촌노村老들은
오롯이 산들바람을 원한다
양산을 쓴 젊은 여인이
진한 아로마 향을 뿜어내며
시멘트바닥 길을 걸어가고 있다
길섶에 나리꽃이 노랗게 익었다
따가운 볕살에 짓눌려 풀어진 삶
맥 풀린 듯 스러지기 시작 한다
고열 속에 대쳐진 여린 잎사귀
사느냐 죽느냐의 숙제를 푼다
태양이 하늘 아래 꽉 채운 자리
무엇하나 똑바로 선 것 없다
사방팔방 바람길 막혀버린 곳
한낮이 한밤중인양 적막하다
땀 송송 흘릴 때마다 다문 입이
목마름으로 헉헉 거린다
뙤약볕 납작 엎드린 여름날
  ─「한여름날의 풍경」 전문

"항상 날씨가 좋으면 사막이 된다"는 말은 스페인 속담이다. '잔인한 뙤약볕'의 정경을 묘사한 시이다. 햇볕은 생명을 기르는 매우 중요한 변수 이지만 거듭된 쾌청은 만물을 시들게 하고 고사枯死로 이끈다. 뙤약볕이 사방을 에우는 절벽처럼 모든 목숨을 가두는 절체절명의 위태로움이 시의 서사이며, 시의 시종은 독자를 긴장시킨다.

느티나무 아래 모인 촌로들과 시멘트바닥 길을 걷는 젊은 여인은 대칭적 이미지이다. 늙은 자는 그늘에 들어 한유를 즐기는데, 젊은 여인은 고난의 인생 여정을 가고 있다는, 이미지의 대척이다. 흥미 있는 대조이다. '한낮이 한밤중인양 적막하다'에서 역설적 수사가 돋보인다.

> 바람 살랑거리는 날
> 육단 기어가 달린
> 자전거를 탄다
>
> 지구 한쪽 끝에서
> 다른 한쪽 끝까지
> 굴러가는 자전거
>
> 굴러가는 앞바퀴
> 그 뒤를 따르는 뒷바퀴
> 우주를 누비며 달린다
>
> 바람을 싣고
> 해를 굴리고
> 달을 굴린다
>
> 꽃향기 물고
> 오르막도 내리막도
> 거침없이 달린다
>
> 앞으로 가든 뒤로 가든
> 두 바퀴는 언제나
> 앞을 서고 뒤로 서고
>
> 그러면서 한결같이

생의 시간을 굴린다
우리 삶을 굴린다
-「자전거」 전문

    자전거가 달리는 것을 지구의 공전이나 자전에 비유시켰으며 더 비약하여 우주의 순행에 연계시켰다. 앞바퀴와 뒷바퀴는 영원히 고정된 사물이며 영원한 숙명의 정칙이다. 인위적인 '자전거 달림'을 자연의 순행 섭리에 연결시키는 시적 발상이 퍽 흥미롭다. 자전거가 가는 것처럼 우주도 그렇게 정해진 섭리대로 가고 있을 것이고 인생도 그렇게 정해진 여정을 가게 된다는, 운명에의 순응을 노래한다.
    사유^{思惟}가 골똘한 주지시이다.

내가 이렇게 사는 것을
너는 한번이라도 관심을 보였는가
거센 바람에 꺾일까
폭우에 휩쓸려 가진 않을까
염려해 본적이 있었는가
말 못할 아픔을 견뎌내며
울음 죄다 쏟아내며
지천으로 하얗게 물들인 채로
그리움을 입에 물고 쓸쓸히 선
흔한 꽃이라고 하찮게 여기지 마라
한해살이 시한부 생^{生}이지만
사는 자존심 대를 이어
거짓 없이 떳떳하게 살지 않느냐
일부러 찾는 사람은 없어도
지나치다가 바라보기만 해 준다면

무더기무더기 한데로 뭉쳐서
부끄러움 하나 없이 살 거라고
화려한 주인공은 아니어도
삶을 유혹할 매력도 없지만
지천으로 깔린 그리움들이
하얀 꽃잎 속으로 들어 앉아
살랑대는 바람결에 소리 없이 웃는다
하얀 미소로 번져나가는 향기
생긴 모습 그대로의 꾸밈없는 순수
유월의 하늘 아래 핀 초라한 수호신이여
-「개망초꽃」전문

　개망초꽃은 시인들이 읊는 흔한 소재로 자주 등장한다. 꽃이 너무나 꽃답지 못한 자태에서 역설적 이미지를 끌어냄이리라. 꽃인데 꽃이 아닌 듯 하고 꽃다운 아름다움이나 꽃다운 향기도 없으면서 산야에 지천으로 피어서 '잡초' 그 완전한 형상을 취하므로 역시 역설적으로 선택됨이라. 꽃 이름조차 '개망초꽃'이니 부정적 이미지가 잔뜩 서린다. 그러나 그 꽃은 힘없는 서민으로 은유되는 것은 너무 적합하다. 남의 눈에 띄지도 않고, 쓰임도 거의 전무하며, 아무것도 아닌 형상들이 떼를 지어 황야에서 우~우~ 함성을 올리는 꽃, 그게 바로 민초가 아니겠는가?
　시인은 개망초꽃에서 짙은 그리움을 읽는다. '하얀 미소로 번져나가는 향기/ 생긴 모습 그대로의 꾸밈없는 순수/ 유월의 하늘아래 핀 초라한 수호신'으로 등극시킨다. 6월의 메마른 계절을 하얀 미소로 장식하는, 다른 꽃들은 스러지고 없는 여백을 가득 채우는 수호신… 이름하여 '초라한 수호신'이라 칭한다. 역설과 반어가 시의 결기를 북돋운다.

냉기 가득한 고요속의 고요
날아드는 눈발은
무명의 바람까지 몰고 온다

바람소리는
밤의 적막을 깨며 또 깨며
온 세상을 엎어 놓는다

바람 쌓인 위로
눈이 연거푸 쌓이고
덮인 눈 속으로는
겨울이 오스스 깃들다

나목裸木은
선 채로 침잠沈潛에 들고
기침소리 하나 내지 못한 채
뼛속깊이 스며드는 고요

눈 덮인 마을은
하얀 정적

아궁이에 핀 불꽃이
활활 타오를 때
그 겨울은
붉은 온기의 불티를 날린다

잠잠히, 잠잠히
그리고 안섶으로 파고드는

인간들의 정화情火
- 「그 겨울은」 전문

그 해 겨울은 세찬 바람이 불고, 눈이 연거푸 쌓인다. 이내 온 세상을 점령하는 고요와 고요, 그렇게 삭막한 겨울은 묘사된다. '나목은 선 채로 침잠에 들고/ 기침소리 하나 내지 못한 채/ 뼛속 깊이 스며드는 고요'에서 고요는 더욱 심화된다. 고요는 정적이다. 한편 생명의 고갈이다. 만물의 정지이다. 깊은 잠이다.

이때에 '아궁이에 핀 불꽃이/ 활활 타오를 때/ 그 겨울은/ 붉은 온기의 불티를 날린다"그리고 안섶으로 파고드는/인간들의 정화'얼마나 극적인 반전인가?

결국 겨울은 봄을 잉태한다는 말에 다름 아니다. 봄은 생명의 근원이요, 영활靈活의 샘터이다. 구사일생… 고사 직전에 인간의 정화情火가 살아남을 잘도 묘사한 시이다.

하늘이 한없이 울던 날
나의 하루는 초라하였다
만나고 싶은 사람도 없는
장맛비 종일 퍼붓는 날

마른번개와 천둥소리에도
두렵지 않던 나였다
물 폭탄 같은 빗줄기
산사태 난 티브이 방송을 보며
마음 한구석이 괜히 서글퍼진다

빗물 흘러가는 것처럼

우리 삶이란 언제나
가려는 사람과 오려는 사람이
서로 서로 교차하는 것이다
멈춰 서지 않는 굴렁쇠처럼
동그란 곡선 안에 서로 살지 않으랴

지나간 세월은 저절로 쌓여
그리움이 되고 후회가 되고
우리는 이런 세월에 묻혀
한번 가면 오지도 않을
하루를 보내거늘

이제 저 아득한 수평선 너머
그 어느 곳이라도
한번 쯤 가보고 싶지 않은가

새벽 물안개 번진다
이럴 때 작은 기쁨으로 피는
예쁜 꽃, 꽃 한 송이로
새 아침을 열고 싶구나
비 갠 하늘빛으로
- 「나의 하루는」 전문

   나의 하루는 비 오는 데서 출발하여 비 갠 무렵으로 종결하는 '하루의 일기'를 쓰고 있다. 비 온다=초라한 하루=>물 폭탄=서글픔 => 빗물 흘러감=권태로운 일상=>비 갠 후=수평선을 향하는 마음의 여유=>물안개/ 예쁜 꽃=희망찬 새아침. 이런 도식으로 필자에게는 비쳐진다.

인간은 어쩔 수 없이 자연의 변화와 기후 환경에 지배되는 종속 변인의 삶이 아닐 수 없다. 비 오자 우울하고, 행동이(외출이) 차단되고, 폐칩한 환경에 묶인다. 그러다가 하늘이 쾌청을 들어내면 기분이 명랑해지고 일상은 활기를 되찾는다. 호모 사피엔스 이래로 문화문명이 인류를 끝없이 진화시켰다 해도 지구 기울기로 다가서는 사계를 어찌할 수 없고 해와 달과 별과 하늘을 날으는 바람결을 인위로 방향 바꿀수 없는 종속자인 셈이다. 그리하여 줄곧 따라가다가 '예쁜 꽃, 꽃 한 송이로/ 새 아침을 열고 싶구나'로 수습하기에 이른다.

신남춘 시인의 시는 설명과 묘사로 운용되는 산문체 문장을 완전히 벗는다. 더러는 응축시키고 더러는 상징화하면서 시적 결기를 충족시킨다. 공감각적 테크닉 구사는 소위 교응交應의 미학을 형용하며 고정화되었던 자기 관념도 과감히 벗어 던진다. 시 한 편을 한 상관속相關束으로 질료들을 엮어 한 이야기로 관통하며 소재와 주제는 절묘하게 융합시킨다. 매우 좋은 시를 연출하고 있다.